SALUDABLE
MENTE

BULIMIA

CICLI, SINTOMI E TRATTAMENTO

BULIMIA: CICLI, SINTOMI E TRATTAMENTO

Contenuto

BULIMIA: CICLI, SINTOMI E TRATTAMENTO

Premessa

Ci siamo passati tutti: guardare il frigorifero se ci sentiamo soli o annoiati o indulgere in secondi o terzi se ci sforziamo.

Ma se si soffre di bulimia, la voglia occasionale di mangiare troppo è più che altro un'ossessione.

E invece di mangiare in modo sensato per compensare, ci si punisce con lo spurgo, il digiuno o l'esercizio fisico per tagliare le calorie.

Potreste aver scoperto quanto sia facile

sbarazzarsi del cibo che si mangia durante un'abbuffata vomitando o prendendo pillole dietetiche o lassativi.

L'uso di queste tecniche di spurgo può diventare più comune, poiché la bulimia e la dipendenza da integratori alimentari e lassativi diventano più frequenti.

Capitolo 1: Introduzione alla Bulimia

Questo circolo vizioso di abbuffate e spurgo ha un costo per il corpo, ed è ancora più difficile per il benessere mentale.

Tuttavia, il ciclo può essere interrotto.

Un trattamento efficace e un sostegno per la bulimia possono aiutare a sviluppare un rapporto più sano con il cibo e a superare i sentimenti di tensione, senso di colpa e vergogna.

Fatti che dovreste sapere

La bulimia nervosa è un disturbo alimentare caratterizzato da episodi comuni di abbuffate, seguiti da sforzi frenetici per evitare l'aumento di peso.

Se si è alle prese con la bulimia, la vita è una battaglia senza fine tra il desiderio di perdere peso o di rimanere magri e la travolgente ossessione di abbuffarsi.

Non preferisci l'abbuffata - capisci che ti sentirai colpevole e ti vergognerai dopo - ma ti abbufferai più e più volte.

Durante un'abbuffata media, è possibile divorare dalle 3.000 alle 5.000 calorie in una sola ora.

Dopo che si ferma, il terrore si fa sentire e si ricorre a misure drastiche per "annullare" l'abbuffata, come l'assunzione di lassativi, l'induzione del vomito o la corsa di dieci miglia. E nel frattempo ti senti sempre più fuori controllo.

È fondamentale notare che la bulimia non comporta inevitabilmente lo spurgo, cioè la rimozione fisica del cibo dal corpo mediante il vomito o l'uso di lassativi, clisteri o diuretici.

Se si compensano le abbuffate con il digiuno, l'esercizio fisico eccessivo o le diete di crash, anche questo si qualifica come **BULIMIA**.

Sono bulimico?

Ponetevi le domande che vi accompagnano. Più risposte positive si hanno, più è probabile che si abbia la bulimia o un altro disturbo alimentare.

- Sei preoccupato per il tuo corpo e il tuo peso?

- Il cibo e la dieta sono prevalenti nella vostra vita?

- Hai paura che quando inizierai a mangiare non riuscirai a smettere?

- Mangia mai fino a sentirsi male?

- Ti senti colpevole, ti vergogni o ti senti giù di morale dopo aver mangiato?

- Si spurga o prende lassativi per controllare il peso?

L'individuo con bulimia nervosa non mostrerà comunemente la drammatica perdita di peso vista nelle persone con anoressia nervosa. Possono sembrare sani, anche se non lo sono. La bulimia ha un forte legame con la sensazione di essere fuori controllo.

Nella popolazione adolescenziale, il 2,5-4% degli adolescenti ha anoressia nervosa o bulimia nervosa, riferisce l'EDC nel Journal of the American Academy of Child and Adolescent Psychiatry. Per il settantasei per cento, secondo l'ANAD, l'età di insorgenza è compresa tra gli 11 e i 20 anni.

Le persone con bulimia sono chiamate bulimiche. Poiché i comportamenti bulimici implicano il bullismo e vari metodi di epurazione che si verificano ripetutamente, occasionalmente per un lungo periodo di tempo, possono insorgere varie complicazioni.

Le complicazioni della bulimia nervosa includono

- Problemi cardiaci, compresa l'insufficienza coronarica

- Sbilanciamento elettrolitico

- Decadimento dei denti

- Aggravazione e altri danni alla gola e/o all'esofago

- Problemi allo stomaco, compresa la rottura dello stomaco

- Ulcere e pancreatiti

- Dipendenza da lassativi o danni ai reni o al colon dovuti a lassativi

- Morte

La bulimia tende a correre nelle famiglie. Può derivare da una combinazione di componenti sia genetiche che ambientali.

Può anche essere correlato alla depressione e al disturbo ossessivo-compulsivo (OCD).

Come per altri disturbi alimentari, il trattamento della bulimia nervosa è multiforme nell'affrontare i vari fattori causali e i problemi che ne derivano.

Fondamentali sono l'educazione alimentare, l'alterazione del comportamento, compreso il mangiare, lo spurgo e l'esercizio fisico, la risoluzione dei problemi interpersonali e il trattamento di qualsiasi problema di umore, come la depressione o l'ansia.

La storia di Loly

Ancora una volta, Loly segue una dieta liquida. "Mi atterrò a questo", dice a se stessa. "Questa volta non mi sottometterò alle voglie".

Tuttavia, con il progredire della giornata, la forza di volontà di Loly si ammorbidisce.

Tutto quello a cui riesce a pensare è il cibo. Alla fine, decide di cedere alla voglia di abbuffarsi. Non può più trattenersi.

Tira fuori una pinta di gelato dal congelatore, inalandolo in pochi istanti. Poi si occupa di tutto ciò che può trovare in cucina.

Dopo 45 minuti di sbronza, è così piena che le sembra che il suo stomaco stia per esplodere. È disgustata da se stessa e spaventata dalle migliaia di calorie che ha mangiato. Corre in bagno a vomitare.

Poi sale sulla bilancia per assicurarsi di non essere ingrassata.

Promette di ricominciare la sua dieta domani.

Domani sarà diverso...

Capitolo 2: Cicli e sintomi

Il ciclo delle abbuffate e delle purghe va così:
La dieta innesca il ciclo distruttivo di abbuffate e spurgo della bulimia.

La satira è che più rigida e severa è la dieta, più è probabile che ci si preoccupi, anche di tormento, del cibo.

Se si muore di fame, il corpo reagisce con potenti voglie... il suo modo di chiedere il necessario sostentamento.

Capire come funziona

Con l'aumento dello stress, della fame e del bisogno, la costrizione a mangiare diventa troppo potente per resistere: si mangia un cibo "tabù"; si infrange una regola dietetica. Con una mentalità del tutto o niente, si sente che qualsiasi ostacolo nella dieta è un completo fallimento. Dopo aver mangiato un boccone di gelato, potreste pensare: "L'ho già sprecato, quindi è meglio che me ne vada.

Purtroppo, il sollievo che la baldoria porta è estremamente temporaneo. Poco dopo, il senso di colpa e il disgusto per se stessi prendono il sopravvento. E così ci si spurga per compensare il sovraffollamento e riprendere il controllo.

Purtroppo, lo spurgo rafforza semplicemente le abbuffate. Anche se vi dite, mentre intraprendete una nuova dieta, che questa è l'ultima volta, c'è una voce nella parte posteriore del vostro cervello che vi dice che siete in grado di vomitare o di usare sempre i lassativi se perdete di nuovo il controllo.

Quello che forse non si riconosce è che lo spurgo non si avvicina nemmeno lontanamente a ripulire la lavagna dopo un'abbuffata.

Lo spurgo non impedisce l'aumento di peso

Lo spurgo non è efficace nell'eliminare le calorie, quindi la maggior parte delle persone con bulimia finisce per aumentare di peso nel tempo.

Vomitare direttamente dopo aver mangiato elimina solo il 50% delle calorie consumate nella migliore delle ipotesi, e comunemente molto meno.

Questo perché l'assorbimento di calorie inizia nel momento in cui il cibo viene messo in bocca.

I lassativi e i diuretici sono ancora meno efficaci. I lassativi rimuovono solo il 10% delle calorie consumate e i diuretici non fanno assolutamente nulla.

Si può pesare meno dopo averli presi, ma quel numero inferiore sulla bilancia è dovuto alla perdita di acqua, non alla perdita di peso reale.

Segni e sintomi della bulimia

Se hai vissuto con la bulimia per un po' di tempo, probabilmente hai "fatto tutto" per nascondere le tue abitudini di bere e di spurgo. È umano sentirsi in imbarazzo per la difficoltà di controllarsi con il cibo, quindi molto probabilmente ci si abbuffa da soli.

Se consumate una scatola di ciambelle, le sostituite in modo che i vostri conoscenti o i vostri cari non se ne accorgano.

Quando si compra cibo per una sbornia, è possibile fare acquisti in 4 diversi mercati, in modo che la pedina non indovini. Tuttavia, nonostante la tua vita segreta, quelli più vicini a te probabilmente hanno la sensazione che qualcosa non va.

Segni e sintomi dell'abbuffata

- Mancanza di controllo sul cibo: incapacità di smettere di mangiare. Mangiare fino al disagio fisico e al dolore

- Furtività intorno al cibo: Andare in cucina dopo che tutti gli altri sono andati a letto. Uscire da soli per delle corse di cibo non programmate. Voglia di mangiare in privato.

- Mangiare quantità straordinariamente grandi di cibo senza variazioni di peso visibili.

- Cibo che scompare: numerosi involucri o contenitori di cibo vuoti nella spazzatura, o cartoni di cibo spazzatura nascosti.

- Passare dal mangiare troppo e dal digiuno: i pasti normali vengono consumati raramente. O tutto o niente, una volta che si tratta di cibo.

Segni e sintomi di epurazione

- Andare in bagno dopo i pasti: spesso scompare dopo i pasti o va in bagno a vomitare. Può far scorrere l'acqua per mimetizzare i suoni del vomito.

- Uso di lassativi, diuretici o clisteri dopo i pasti. Potete anche prendere delle pillole

dimagranti per ridurre l'appetito o usare la sauna per "sudare" il peso dell'acqua.

- Odore di vomito: Il bagno o la persona può puzzare di vomito. Potete provare a coprire l'odore con collutorio, profumo, deodorante, gomma da masticare o menta.

- Esercizio fisico irragionevole: Esercitarsi vigorosamente, soprattutto dopo aver mangiato. Tra le attività distintive vi sono i bruciatori di calorie ad alta intensità come la corsa o l'aerobica.

Segni fisici e sintomi della bulimia

- Calli o cicatrici sulle nocche o sulle mani dovute all'incollarsi delle dita in gola per causare rigurgito

- guance gonfie da "scoiattolo" gonfie a causa di vomito ricorrente

- denti scoloriti dall'esposizione agli acidi dello stomaco durante il vomito Possono sembrare gialli, a brandelli o chiari.

- Non magro: uomini e donne con bulimia sono di solito di peso normale o un po' sovrappeso. Essere magri durante lo spurgo può indicare una sorta di anoressia da spurgo.

- Cambiamenti di peso frequenti: Il peso può variare di dieci libbre o più a causa dell'alternanza di sequenze di binging e spurgo.

Capitolo 3: Come si manifesta la bulimia?

Quando si vive con la bulimia, si mette a rischio il proprio corpo, e anche la propria vita. L'effetto collaterale più minaccioso della bulimia è la disidratazione dovuta allo spurgo.

Vomito, lassativi e diuretici possono causare squilibri elettrolitici nell'organismo, di solito sotto forma di bassi livelli di potassio.

I bassi livelli di potassio scatenano una vasta gamma di sintomi che vanno dal letargo e dal pensiero torbido ai battiti cardiaci atipici e alla morte.

Livelli di potassio cronicamente bassi possono anche portare a insufficienza renale.

I pericoli

Anche se ci sono molti effetti della bulimia, tra i più evidenti c'è quello che può fare ai denti e alla bocca. Coloro che si purificano per rigurgito portano l'acido dallo stomaco nell'esofago e nella bocca, e l'acido consuma lo smalto naturale dei denti.

Ulteriori effetti della bulimia includono infezioni gengivali, carie e piaghe. L'esofago può anche essere irritato dagli acidi dello stomaco che viaggiano verso la bocca e possono causare bruciore di stomaco.

Chi si purifica con tecniche lassative spesso tende a diventare costipato. Hanno movimenti intestinali atipici e può essere molto difficile per loro. Una bulimia diversa influisce sulla propria alimentazione, in quanto può portare alla malnutrizione e a un corpo malsano.

Ulteriori effetti della bulimia includono problemi renali cronici dovuti a carenze di minerali e vitamine.

Spesso la bulimia può anche portare all'insufficienza renale. Possono anche disidratarsi. La disidratazione può ridurre gli elettroliti del corpo, che possono causare un battito cardiaco irregolare o problemi cardiaci.

Un effetto diverso della bulimia è che questi individui mancano di autostima e di fiducia in se stessi, il che può portare alla depressione. La bulimia colpisce anche le persone che sono vicine alla persona che ce l'ha.

Se voi o qualcuno che conoscete ha la bulimia, raccogliete tutte le informazioni di cui avete bisogno ora per iniziare a chiedere aiuto. Ognuno ha bisogno di un trattamento diverso, ma non saprete di cosa avete bisogno finché non cercherete un aiuto professionale. Le persone che sviluppano questo disturbo sono spesso intelligenti, originali e molto desiderose di piacere agli altri, in altre parole, perfezioniste.

Chi ha la bulimia ha bisogno di aiuto e sostegno. Hanno bisogno di un aiuto professionale per poter cambiare immediatamente la loro vita e iniziare a costruire una buona fiducia in se stessi e un'alta autostima. Questi sono i mattoni per prevenire la bulimia, quindi non solo si aiuta se stessi, ma si aiutano anche gli individui intorno a sé.

Altre complicazioni mediche di base e gli effetti avversi della bulimia includono

- Aumento di peso
- Dolori addominali, gonfiore
- Gonfiore delle mani e dei piedi
- Gola cruda cronica, raucedine
- Vasi sanguigni rotti negli occhi
- Guance gonfie e ghiandole salivari
- Debolezza e vertigini

- Decadimento dei denti e piaghe in bocca
- Reflusso acido o ulcere
- Scoppio dello stomaco o dell'esofago
- Perdita dei periodi mestruali
- Stitichezza cronica dovuta ad abuso di lassativi

I rischi dello sciroppo di ipecac

Se si utilizza lo sciroppo di ipecac, un farmaco usato per indurre il rigurgito, dopo un'abbuffata, fare attenzione. L'uso regolare di sciroppo di ipecac può essere mortale.

L'Ipecac si accumula nel corpo nel tempo. Prima o poi può causare danni al cuore e un arresto cardiaco improvviso, come è successo nel caso della cantante Karen Carpenter.

Anche in questo caso, e non potrò mai sottolineare abbastanza, gli effetti collaterali della bulimia sono problemi d'organo come il battito cardiaco irregolare, la malnutrizione dovuta al fatto che il corpo non assorbe abbastanza nutrienti e la sensazione generale di debolezza.

Gli effetti collaterali fisici della bulimia sono semplicemente la punta dell'iceberg. Una persona affetta da bulimia può anche subire danni psicologici.

Innanzitutto, gli individui bulimici sono dei perfezionisti.

Di solito non è una cosa negativa, ma quando è eccessiva può far pensare di piacere agli altri prima di piacere a se stessi.

Con questo, la maggior parte delle volte lasciano che sia quello che gli altri pensano a dettare le loro vite.

Chi soffre di bulimia può anche sentirsi nervoso o depresso, poiché spesso può essere causato da uno squilibrio chimico nel cervello. La bulimia non è un semplice disturbo, in quanto può prendere il controllo di tutta la vita di una persona.

La bulimia è un disturbo alimentare che viene preso troppo alla leggera.

Può essere difficile vedere alcuni degli effetti collaterali della bulimia, ma se questi sintomi vengono lasciati soli e trascurati, possono portare a molti problemi di salute e, peggio, anche alla morte.

La bulimia ha già indotto la morte nella vita di migliaia di adolescenti e anche di adulti.

È davvero fondamentale osservare da vicino gli effetti collaterali della bulimia, in modo da poter offrire aiuto e sostegno a chi ne soffre.

Se siete voi a soffrire di bulimia, non abbiate paura di chiedere aiuto a qualcuno, soprattutto a chi vi è più vicino. O meglio ancora, chiedere una consulenza professionale.

Capitolo 4: Cosa causa la bulimia

Non esiste un'unica causa di bulimia. Mentre la bassa autostima e le preoccupazioni per il peso e l'immagine corporea giocano un ruolo importante, ci sono molte altre cause che vi contribuiscono.

Comprendere meglio se stessi

In molti casi, le persone affette da bulimia e da disturbi alimentari in generale, hanno difficoltà a gestire correttamente le proprie emozioni. Mangiare può essere un rilascio emotivo, quindi non sorprende che gli individui si abbuffino e si purifichino se si sentono arrabbiati, tristi, tesi o ansiosi.

Una cosa è certa. La bulimia è un problema emotivo complesso. Le cause principali e i fattori di rischio per la bulimia sono

Una scarsa immagine corporea: l'enfasi della nostra cultura sulla magrezza e sulla bellezza può portare all'insoddisfazione del corpo, soprattutto nelle giovani donne bombardate da immagini di un ideale fisico irrealistico.

L'idealizzazione della magrezza ha portato a un'immagine corporea malformata e a misure irrealistiche di bellezza e successo.

Le influenze culturali e mediatiche, come la televisione, le riviste e i film, rafforzano l'idea che le donne dovrebbero preoccuparsi più del loro aspetto che delle loro idee o dei loro risultati.

L'insoddisfazione per il corpo, la sensazione di grasso e il desiderio di perdere peso hanno portato molte donne a preoccuparsi troppo del loro aspetto.

La ricerca ha dimostrato che molte ragazze di peso normale e persino magre sono insoddisfatte del loro corpo e scelgono comportamenti inappropriati per controllare l'appetito e l'assunzione di cibo.

L'Associazione Americana delle Donne Universitarie ha scoperto che le ragazze adolescenti sono sicure che l'aspetto fisico è una parte importante della loro autostima e che la loro immagine corporea è una gran parte del loro senso di sé.

Bassa autostima: Le persone che si considerano inutili, inutili e poco attraenti sono a rischio di bulimia. Tra le cose che possono contribuire alla bassa autostima ci sono la depressione, il perfezionismo, gli abusi sui bambini e un ambiente domestico critico.

La maggior parte degli individui con bulimia condivide particolari tratti della personalità: bassa autostima, sentimenti di impotenza e paura di ingrassare. Nella bulimia, i comportamenti alimentari sembrano svilupparsi come un modo di gestire lo stress.

Storia di traumi o abusi: Le persone con bulimia sembrano avere una maggiore incidenza di abusi sessuali. Inoltre, le persone affette da bulimia hanno più probabilità della media di avere genitori con problemi di abuso di sostanze o disturbi psicologici.

La bulimia sembra essere gestita in famiglia, con i parenti di sesso femminile che ne sono maggiormente colpiti. Tuttavia, è sempre più evidente che l'ambiente sociale immediato di una ragazza, compresi i suoi cari e i suoi amici, può sottolineare l'importanza della magrezza e del controllo del peso.

Ad esempio, una regolare discussione sul peso e sulla dieta può normalizzare la pressione sociale per essere magri. La presa in giro dei coetanei e dei propri cari in relazione al peso è legata alla bassa autostima e ai disturbi alimentari nelle giovani donne.

Gli studi hanno dimostrato che le ragazze che vivono in famiglie che tendono ad essere rigide e che pongono molta enfasi sull'attrattiva fisica e sul controllo del peso sono maggiormente a rischio di comportamenti alimentari inappropriati.

Inoltre, gli individui che seguono professioni o attività che sottolineano la snellezza, come la modellazione, la danza, la ginnastica, il wrestling e la corsa a lunga distanza, sono più suscettibili a questo problema.

Grandi cambiamenti nella vita: La bulimia è spesso innescata da cambiamenti o transizioni stressanti, come i cambiamenti fisici della pubertà, l'andare al college, o il crollo di una relazione. Mangiare e spurgare può essere un modo negativo per affrontare lo stress.

Biochimica: recenti studi hanno evidenziato una connessione tra i fattori biologici associati alla depressione clinica e lo sviluppo della bulimia. Gli ormoni dello stress, come il cortisolo, sono elevati in quelli con bulimia, mentre i neurotrasmettitori, come la serotonina, possono non funzionare correttamente. La ricerca sta attualmente cercando di comprendere meglio questa relazione.

Secondo uno studio condotto su 16.000 adolescenti, giovani di appena 10 anni inducono il rigurgito a perdere peso. Infatti, l'epurazione è stata più frequente nei partecipanti tra i dieci e i dodici anni (15-9%)

e meno frequente nei partecipanti tra i sedici e i diciotto anni (7-5%). Nel complesso, il 13% dei partecipanti ha riferito di aver causato il vomito, colpendo più i ragazzi che le ragazze.

Lo studio, che ha seguito il sonno, l'attività e i modelli di dieta, ha concluso che "il rigurgito auto-indotto era prevalente tra gli adolescenti che avevano cercato di perdere peso; stile di vita sedentario, durata del sonno più breve e abitudini alimentari malsane possono contribuire in modo significativo a questo comportamento tra questi adolescenti.

Gli studenti che avevano più di 2 ore di schermo al giorno (TV, computer, uso di Internet e videogiochi), ad esempio, erano più propensi a utilizzare i condotti di spurgo rispetto agli studenti che avevano 2 ore o meno. Tutti gli studenti hanno completato la valutazione del sonno, dell'attività, della dieta e dei comportamenti di pulizia; le infermiere scolastiche hanno notato il peso e l'altezza degli studenti.

Secondo lo studio, i tassi di obesità pediatrica sono triplicati nei paesi industrializzati e a Taiwan sono anche aumentati costantemente (sia nei maschi che nelle femmine). Non è stata una sorpresa allora che anche lo spurgo come tecnica di controllo del peso è aumentato.

Gli autori avevano numerose ipotesi sui più alti tassi di epurazione tra questi bambini, tra cui il fatto che i ragazzi avevano più alti tassi di obesità rispetto alle ragazze. Per quanto riguarda il motivo per cui i bambini più piccoli avevano tassi più elevati di spurgo, gli autori hanno suggerito che essi non possono

essere consapevoli di altri comportamenti sani di controllo del peso.

I crescenti tassi di comportamenti alimentari disordinati tra gli adolescenti dovrebbero mettere in guardia le scuole da un intervento precoce. Come questo studio a Taiwan, uno studio del Regno Unito del 2010 ha riconosciuto che almeno la metà di coloro che soffrono di anoressia hanno sviluppato il loro disturbo alimentare entro i 10 anni di età.

Inoltre, anche se i disturbi alimentari hanno colpito soprattutto le donne, questi studi rivelano che si dovrebbe prestare maggiore attenzione alle lotte degli uomini con disturbi alimentari.

Capitolo 5: Capire le carenze e trattarle

La pubertà e l'adolescenza sono tempi particolarmente gravi per mangiare poco mentre il corpo continua a crescere. Durante questo periodo critico, gli organismi in rapido sviluppo richiedono già almeno 2.500 calorie di alta qualità al giorno, anche se molte, se non la maggior parte delle ragazze a questa età cercano di limitarsi a meno di 1.000 calorie al giorno, e queste sono spesso calorie da cibo spazzatura.

Questa dieta della fame può rapidamente trasformarsi in abbuffata, bulimia e anoressia. Infatti, di recente ho sentito dire da due ragazze quattordicenni anoressiche che i disturbi alimentari sono iniziati dopo le prime diete.

Cosa potrebbe mancare

Come per l'anoressia, la bulimia ha le sue radici nella mentalità alimentare. La storia di Ana è una storia infelicemente tipica. A 24 anni, con un corpo ben proporzionato e muscoloso, Ana si è trovata vicino al limite superiore di peso per la sua altezza. Non era mai stata a dieta in vita sua, ma una volta frequentato il corso per assistenti di volo, si è accorta che la maggior parte degli altri tirocinanti erano a dieta. Nella formazione, dove è stato servito il fast food, non ha ricevuto il suo solito cibo nutriente o il suo solito esercizio fisico. Si è trovata ad ingrassare.

Preoccupata di poter superare il limite di peso, ha iniziato a saltare i pasti. Presto la sua fame si trasformò in un'abbuffata e in un'epurazione. Quando ha lasciato la classe, appena 2 mesi dopo, aveva acquisito delle voglie dolci insopportabili e si abbuffava e si spurgava da 3 a 5 volte al giorno. Sono felice di dire che, utilizzando integratori e seguendo un trattamento aggiuntivo, molte donne bulimiche come Ana sono state in grado di tornare al loro peso originale e alla loro salute.

Com'è facile diventare bulimici? Uno dei motivi è che sia l'abbuffata che il vomito possono scatenare onde di potenti sostanze chimiche del cervello - le endorfine. Il rilascio di queste sostanze chimiche organiche cerebrali simili all'eroina aiuta a costruire le potenti ossessioni che i bulimici non sono in grado di combattere. Una volta che sviluppiamo pensieri falsi su ciò che "dovremmo" pesare e cominciamo a metterci a dieta, ci apriamo al primo passo dello sviluppo di un disturbo alimentare, proprio come ha fatto Anna.

Un numero crescente di donne - e di uomini - viene spinto dalla mentalità alimentare nella zona di pericolo dell'anoressia. Hanno letteralmente perso l'appetito e il peso. Non più sicuri delle sane voglie di cibo di rimbalzo, non arrivano mai al punto di "dover mangiare un cheeseburger". Una volta che la dieta a bassissimo contenuto calorico diventa uno stile di vita, lo diventa anche la linea di discesa attraverso gli strati della fame.

Un paio di mesi dopo la sua prima dieta, la quattordicenne Julia ha sviluppato la maggior parte dei sintomi dell'anoressia matura. Era cronicamente malata di raffreddori e influenza, aveva perso le mestruazioni ed era troppo debole per fare esercizio. Smise di uscire con i suoi conoscenti e rimase semplicemente a casa. Ha formulato sbalzi d'umore radicali che includevano il temperamento, l'isteria e l'insonnia. Ha trovato presto facile avere fame - una mela può durare tutto il giorno.

I sintomi di Julia sono i classici segni della malnutrizione. Nelle carceri, i prigionieri affamati facevano durare tutto il giorno piccole quantità di cibo. Come fanno gli affamati a sopravvivere? Come fanno le anoressiche a sopravvivere allenandosi per ore ogni giorno in palestra, come le schiave lavoratrici dei nazisti?

Molte delle anoressiche che ho visto si sballano per la fame. L'anoressia provoca lo stesso tipo di sballo che gli oppiacei come l'eroina danno ai tossicodipendenti. Come facciamo a saperlo? Quando le anoressiche si presentano con droghe che impediscono agli oppiacei di agire su di loro, vanno in astinenza improvvisa, proprio come i consumatori di eroina. Le loro salite sono interrotte.

Si scopre che la fame delle anoressiche, come il rigurgito bulimico e l'abbuffata, è un'esperienza traumatica che può stimolare la sopravvivenza profonda del meccanismo più adatto; il rilascio di endorfine, le potenti sostanze chimiche naturali simili a droghe che ci permettono di passare attraverso il piacere. Uccidono anche il dolore e alleviano la tensione. Se il vostro corpo è diventato dipendente da questi oppiacei organici e tornate a una dieta normale e sana, vi perderete la scarica di endorfine. Come le scimmie da laboratorio che tracciano il livello fornito dall'eroina invece che dal cibo e dalle bevande fino alla morte, un'anoressica difenderà ferocemente il suo rifiuto di mangiare per potenti ragioni biochimiche. I bulimici si abbuffano e si allontanano dal cibo con una ferocia simile per le stesse ragioni. Questo comportamento ossessivo è in realtà causato da carenze nutrizionali - che, per fortuna, ora sappiamo come affrontare.

Come le carenze di vitamine e minerali possono portare all'anoressia e alla bulimia

Prendiamo solo 2 carenze di vitamine e minerali di solito causate da diete ipocaloriche e facciamo il loro corso mentre attivano i sintomi dei disturbi alimentari.

Vitamina B1 (tiamina). Semplicemente impoverito da un'alimentazione insufficiente, è tra le sostanze nutritive che il corpo non può produrre da solo, quindi è necessario ottenere B1 dal cibo, principalmente dagli alimenti integrali che le persone a dieta cronica e gli individui con disturbi alimentari raramente mangiano a sufficienza: fagioli, cereali integrali, semi, carni e verdure.

Sintomi iniziali di base della carenza di tiamina

- Uscita dell'appetito
- Perdita di peso
- Dolore addominale
- Costipazione
- Dolore al petto

- Tensione
- Disturbi del sonno
- Fatica
- La mancanza di benessere
- Depressione
- Irritazione

A un certo punto della vostra dieta, i vostri livelli di B1 potrebbero essere caduti nella zona di pericolo. Eravate ancora lo stesso individuo, ma un giorno avevate semplicemente abbastanza B1, il giorno dopo no, e i sintomi dell'anoressia hanno cominciato a manifestarsi come le piaghe della pelle delle persone con carenza di vitamina C. Anoressia significa davvero solo "perdita di appetito".

Quando una condizione come la carenza di vitamina B1 sconfigge l'appetito, si mangia meno, soprattutto se si è a dieta, tanto per cominciare. Improvvisamente, seguire una dieta diventa semplice. Non stai più combattendo un appetito comune. L'hai perso quando hai perso troppa vitamina B1 durante la dieta. Siamo letteralmente ciò che non mangiamo. Non si può ordinare ciò che si perde in una dieta. Non è solo il grasso corporeo ad essere perso, ma anche i muscoli, le ossa e i tessuti cerebrali. Le anoressiche hanno delle lacune che si evidenziano nelle scansioni cerebrali dove hanno letteralmente perso peso nel cervello.

Zinco: Lo zinco minerale è difficile da trovare negli alimenti, anche quando non siamo a dieta. Carne rossa, tuorlo d'uovo e semi di girasole sono ricchi di zinco. Tuttavia, sono alimenti grassi e la carne rossa ha un nome ripugnante, quindi non sono suscettibili di essere ammessi nei pasti dei dietologi.

Secondo uno specialista in disturbi alimentari, i risultati di uno studio condotto da Stanford e da altre università concordano sul fatto che la maggior parte delle anoressiche e di molte persone che mangiano troppo e bulimiche sono carenti di zinco.

Lo zinco minerale influente è il secondo oligoelemento più abbondante nel corpo. Un classico sintomo della carenza di zinco è la perdita di appetito convenzionale. Senza zinco adeguato, il corpo può registrare solo estrema dolcezza, salsedine o prurito come se avesse un sapore. Il cibo semplice e sano diventa poco appetitoso. Nell'anoressia si mantiene poco o nessun appetito. Altri sintomi comuni della carenza di zinco sono l'apatia, la lentezza, la crescita stentata e lo sviluppo sessuale alterato. Uno studio di 5 anni ha riportato un sorprendente tasso di recupero dell'85% per l'anoressia in pazienti che hanno assunto integratori di zinco. È stato risolto: "Gli integratori di zinco hanno portato ad un aumento di peso, ad un aumento delle funzioni corporee e ad un miglioramento delle prospettive.

È particolarmente importante che gli adolescenti ricevano uno zinco adeguato. Durante la pubertà, lo sviluppo riproduttivo è al culmine. Lo zinco è essenziale per la funzione riproduttiva, così come per l'appetito, la funzione immunitaria e la vigilanza. Se la dieta riduce l'apporto di zinco e minerali extra in questa fase di crescita, non solo l'appetito può scomparire, ma le mestruazioni di una ragazza possono alla fine scomparire, insieme alla sua funzione mentale, man mano che si sviluppa un disturbo alimentare. Nei ragazzi e negli uomini, lo zinco è uno dei principali ingredienti dello sperma e protegge dal lavoro della prostata e dall'indebolimento dell'immunità.

La malnutrizione proteica induce problemi cerebrali

Come l'attività cerebrale diminuisce con la dieta, la stabilità mentale ed emotiva del cervello può fallire, anche collassare (si può riconoscere la carenza di chimica cerebrale dai sintomi davvero specifici, come la depressione, l'ansia, l'irritabilità, l'ossessione e la bassa autostima).) Le persone che sono a dieta o che hanno disturbi alimentari hanno sempre problemi di umore, causati principalmente dalla malnutrizione proteica. Le 4 sostanze chimiche del cervello che prescrivono i loro stati d'animo derivano dagli aminoacidi contenuti negli alimenti proteici. Anche le persone che non sono a dieta e che tendono a non mangiare proteine adeguate possono soffrire di problemi cerebrali a basso contenuto proteico.

L'impoverimento del triptofano: il percorso verso la depressione, la bassa autostima, la compulsione e i disturbi alimentari

La serotonina, forse il più noto dei 4 principali regolatori dell'umore nel cervello, è prodotta dall'aminoacido L-triptofano. Poiché pochi alimenti contengono elevate quantità di triptofano, è uno dei primi nutrienti che si possono perdere quando si inizia la dieta. Un nuovo studio mostra che i livelli di serotonina possono scendere troppo bassi nelle 7 ore successive alla diminuzione del triptofano. Seguiamo questa singola proteina essenziale (ce ne sono 9 in totale) in quanto si esaurisce sempre più profondamente con la dieta. Per vedere come il calo dei livelli di un singolo nutriente cerebrale può portare a depressione, alimentazione impulsiva, bulimia o anoressia

Quando i nostri livelli di serotonina diminuiscono, diminuiscono anche i nostri sentimenti di autostima, indipendentemente dalle nostre condizioni reali o dai nostri risultati. Queste sensazioni possono facilmente essere il risultato di non mangiare gli alimenti proteici che mantengono i livelli di serotonina.

Man mano che la loro autostima dipendente dalla serotonina diminuisce, le ragazze tendono a nutrirsi in modo ancora più vigoroso. Tragicamente, non capiscono che non saranno mai abbastanza magri per soddisfare i loro cervelli affamati. La dieta estrema è in realtà il modo peggiore per cercare di aumentare l'autostima, poiché il cervello può deteriorarsi ulteriormente e diventare più autocritico quando muore di fame.

Una volta che una carenza di triptofano induce un calo dei livelli di serotonina, si può diventare ossessionati da pensieri che non si possono spegnere o da comportamenti che non si possono fermare. Una volta che questo rigido modello di comportamento viene alla luce nel corso della dieta, la sensibilità ai disturbi alimentari è completa.

Le persone diventano ossessionate dal conteggio delle calorie, da quanto sono orribili e da come mangiare sempre meno. Man mano che mangiano meno, i loro livelli di serotonina diminuiscono di più, aumentando la costrizione di chi è a dieta a mangiare poco. Con la diminuzione dei loro livelli di zinco e vitamine del gruppo B, si perde l'appetito. Questo può essere il perfetto setup biochimico per l'anoressia.

Triptofano, serotonina, sovralimentazione compulsiva e bulimia

Per ragioni che non comprendiamo appieno, alcuni soggetti a dieta che abbassano i loro livelli di serotonina perdono la loro autostima e diventano ossessionati dalla perdita di peso, ma non perdono l'appetito. Invece, i loro appetiti fioriscono. Nel tardo pomeriggio e la sera, soprattutto in inverno e durante il PMS (periodo di bassa serotonina per tutti noi), possono diventare voraci e abbuffarsi di dolci e amidi.

In uno studio, i bulimici non avevano l'unica proteina triptofano. In risposta, i loro livelli di serotonina si sono appiattiti e si abbuffano più violentemente, assorbendo e spurgando una media di 900 calorie in più ogni giorno.

L'esaurimento cronico del triptofano plasmatico può essere uno dei meccanismi attraverso i quali una dieta persistente può portare allo sviluppo di disturbi alimentari nelle persone vulnerabili.

Si noti che la maggior parte dei mangiatori compulsivi non vomitano. Tengono tutto sotto controllo. Ma anche la dieta può ridurre i loro livelli di serotonina, causando le stesse voglie selvagge e l'odio per se stessi che i bulimici sopportano.

Potete vedere quanto sia facile per un dieterico sviluppare un disturbo alimentare. Se si pensa alla quantità di altre sostanze chimiche critiche per il cervello e il corpo che vengono eliminate attraverso la dieta, ci si rende conto dei pericoli che si corrono con le diete ipocaloriche.

Capitolo 6: Recupero

Se si vive con la bulimia, si capisce quanto sia terrificante essere così fuori controllo. Sapere che si sta facendo del male al proprio corpo non fa che aumentare la paura. Ma su col morale: il cambiamento è possibile. Non importa da quanto tempo si è alle prese con la bulimia, si può imparare a rompere il ciclo dell'abbuffata e dello spurgo e a sviluppare un atteggiamento più sano verso il cibo e il proprio corpo.

Cosa puoi fare

Fare passi verso il recupero è difficile. È più comune sentirsi ambivalenti nell'interrompere le abbuffate e le purghe, anche se negative. Se stai pensando di chiedere aiuto per la bulimia, stai facendo un grande passo avanti.

Passi verso la guarigione dalla Bulimia

Ammetti di avere un problema. Finora, avete deciso che la vita sarà più grande, che vi sentirete finalmente bene, se perderete più peso e comanderete quello che mangerete. Il primo passo verso la guarigione dalla bulimia è riconoscere che il rapporto con il cibo è confuso e fuori controllo.

Parla con qualcuno: Può essere difficile parlare di quello che stai passando, soprattutto se hai tenuto nascosto per molto tempo la tua abbuffata. Potresti essere imbarazzato, ambivalente o spaventato da ciò che gli altri potrebbero pensare. Ma è fondamentale capire che non si è soli. Trovate un grande ascoltatore, qualcuno che vi sostenga nel vostro tentativo di migliorare.

Stai lontano da individui, luoghi e attività che ti invogliano ad abbuffarti o a spurgare. Potresti voler evitare di consultare riviste di moda o di fitness, passare meno tempo con conoscenti che sono costantemente a dieta e parlano di perdita di peso, e stare lontano da siti di perdita di peso e siti "pro-mia" che incoraggiano la bulimia. Potreste anche dover fare attenzione alla preparazione dei pasti e alle riviste e ai programmi di cucina.

Cercate un aiuto professionale: I consigli e il supporto di professionisti formati sui disturbi alimentari possono aiutarvi a ritrovare la vostra salute, a imparare a mangiare di nuovo normalmente e a sviluppare atteggiamenti più sani nei confronti del cibo e del vostro corpo.

L'importanza di non scegliere la dieta

Il trattamento della bulimia ha molte più probabilità di avere successo quando si interrompe la dieta. Una volta che si smette di cercare di limitare le calorie e di seguire rigide regole dietetiche, non si sarà più sopraffatti dalle voglie di cibo e dai pensieri.

Mangiando tipicamente, si può interrompere il ciclo di abbuffate e spurgo e raggiungere comunque un peso solido e attraente.

Trattamento e terapia per la bulimia

Per interrompere il ciclo di abbuffate e spurgo, è fondamentale cercare tempestivamente un aiuto professionale, seguire il trattamento e risolvere i problemi emotivi di fondo che hanno indotto la bulimia in primo luogo.

Terapia per la Bulimia

Poiché la scarsa immagine corporea e la scarsa autostima sono il cuore della bulimia, la terapia è una parte significativa del recupero. È più comune sentirsi isolati e imbarazzati per il fatto che ci si sta tirando indietro e si sta spurgando, e i terapisti possono aiutarti con questi sentimenti.

Il corso di scelta per la bulimia è la terapia cognitivo-comportamentale. La terapia cognitivo-comportamentale si concentra sui comportamenti alimentari malsani della bulimia e sui pensieri irrealistici e dannosi che li alimentano.

Questo è ciò che si può prevedere nella terapia della bulimia:

La fase iniziale del trattamento della bulimia si concentra sull'arresto del circolo vizioso di sovralimentazione e spurgo e sul ripristino dei normali schemi alimentari.

Imparerete a controllare le vostre abitudini alimentari, a stare lontani dalle situazioni che scatenano l'abbuffata, a gestire lo stress in modi che non richiedono cibo, a mangiare regolarmente per ridurre le voglie di cibo e a combattere la voglia di spurgare.

Alterare i pensieri malsani e le convenzioni: la seconda fase del trattamento della bulimia si concentra sull'identificazione e l'alterazione delle convinzioni disfunzionali sul peso, la dieta e la forma del corpo. Si esplorano gli atteggiamenti mentali sul mangiare e si ripensa alla nozione che l'autostima si basa sul peso.

Risolvere i problemi emotivi: l'ultima fase del trattamento della bulimia richiede di concentrarsi sui problemi emotivi che hanno causato il disturbo alimentare in primo luogo.

La terapia può concentrarsi sui problemi di

relazione, sullo stress e sulla depressione, sulla bassa autostima e sui sentimenti di isolamento e solitudine.

Sconfiggere la bulimia

Può sembrare che non ci sia via di fuga dal vostro disturbo alimentare; tuttavia, il recupero è alla vostra portata. Con il trattamento, il sostegno degli altri e le tecniche di auto-aiuto intelligenti, è possibile superare la bulimia e acquisire una reale fiducia!

Fine

Se sospettate che il vostro amico o la persona amata abbia la bulimia, parlate con l'individuo delle sue preoccupazioni. La persona amata può negare di aver mangiato troppo e di averla purgata, ma c'è la possibilità che accolga l'opportunità di aprirsi alla battaglia. In ogni caso, la bulimia non dovrebbe mai essere respinta. È in gioco il benessere fisico ed emotivo dell'individuo.

È terribile sapere che il proprio figlio o qualcuno che si ama può essere in uno stato di euforia e di epurazione. Non si può costringere una persona con un disturbo alimentare a cambiare il suo comportamento, e non si può fare il lavoro di recupero per la persona amata. Ma potete aiutare fornendo la vostra compassione, il vostro incoraggiamento e il vostro sostegno durante tutto il processo di trattamento.

Se la persona amata ha la bulimia

Fornire compassione e sostegno. Siate consapevoli del fatto che l'individuo può diventare sulla difensiva o arrabbiato.

Ma se si apre, ascolta quello che ha da dire senza giudicare e fai in modo che l'individuo sappia che ti interessa.

Stai lontano da insulti, tattiche spaventose, viaggi di senso di colpa e commenti condiscendenti.

Poiché la bulimia è spesso causata e peggiorata dallo stress, dalla bassa autostima e dalla vergogna, il negativismo non farà che renderla più rischiosa.

Dare un grande esempio di sana alimentazione, esercizio fisico e immagine corporea. Non fate commenti dannosi sul vostro corpo o su quello degli altri.

Vivi entro i tuoi limiti. Come genitore o amico, non c'è molto che si possa fare per "sistemare" la bulimia della persona amata. La persona affetta da bulimia deve giungere a una conclusione per poter andare avanti.

Fate attenzione. Capire quando chiedere il parere di un consulente o di un operatore sanitario. Affrontare un disordine alimentare è difficile, e sarà d'aiuto se si dispone di un proprio piano di sostegno.

Vivi bene!